1章

カラーフィルムで記録された
長野県・新潟県の鉄道

マルーンに白線のリバイバル塗装で走る2000系Ａ編成。Ｄ編成のリバイバル塗装「りんご色」と同じく2007（平成19）年の特急運転開始50周年時に登場。マルーン塗装の2000系はデビュー当時のカラーを再現した。
◎小布施　2010（平成22）年2月8日

雪景色の中、湯田中へ向かう2000系D編成のリバイバル塗装。2007（平成19）年に特急運転開始50周年を迎え、D編成は
往年の「りんご色」へ復刻された。2000系で最後まで運用された編成で、2012（平成24）年3月に営業運転を終了した。
◎夜間瀬〜上条　2010（平成22）年2月8日

須坂行の2500系クハ2556
＋モハ2506でC6編成。営
団から譲受した日比谷線用
車両との置き換えによって
検査を受けずに廃車された
編成で、検査入場後に塗装
された正面上部の赤の塗装
がない。写真当時は河東線
時代で、2002（平成14）年
9月に路線名が通称から正
式に屋代線へ変わり、現在
は廃線になっている。
◎井上～須坂
1993（平成5）年5月8日

OSカー0系のクハ52＋モ
ハ2。写真当時の須坂～信
州中野間の路線名は河東線
だったが、2002（平成14）
年に長野線になった。正面
全面へのFRP導入やラッ
シュを考慮した両開き扉4
箇所の採用など、高度経済
成長期の長野電鉄に華々し
く登場した0系OSカーで
あったが、2両編成2本の
製造に留まり、後継の10系
OSカーでは正面FRPや両
開き扉4扉は継承されず、
営団地下鉄から譲渡の日比
谷線3000系への置き換え
によって1997（平成9）年
に廃車となった。
◎須坂～北須坂
1993（平成5）年5月8日

3500系 モハ3510形3518
＋モハ3500形3508。2両
編成が3500系、3両編成
が3600系。元営団日比谷
線用3000系で、長野電鉄
では赤帯を入れた。多数の
車両が営団から譲渡され、
主力車として活躍したが、
3600系は2020（令和2）
年に、3500系は2023（令
和5）年1月に引退した。
◎延徳～桜沢
2010（平成22）年2月8日

村松駅の五泉寄りに広がった在りし日の車庫。雨上がりで虹が出ている。村松駅は1923（大正12）年10月の村松～五泉間開通時に開業。本社や車庫の所在地。加茂まで延伸開業すると、さらに重要性を高めた。加茂～村松間の廃止後も車庫のある中心駅として全線廃止まで広い構内を有した。◎村松車庫　1978（昭和53）年10月22日

村松車庫で入換中のED1形1。ED1形1は、EL形1として全線開通を機に日本車輌製造で1930（昭和5）年に製造された凸型電気機関車。国産機だが、外国製輸入電機を真似たスタイルで、乗務員扉が前面にあり、ボンネットが片方へ寄せてある。EL形から形式を改めてED1形に。蒲原鉄道では年間の貨物輸送量が少なく、昭和30年代前半にはすでに貨物列車が不定期化し、電車＋貨車で間に合うような積載量が多かった。そのため、ED1形は1984（昭和59）年の貨物営業廃止まででも、車庫の構内入換えが主な運用だった。また、冬季には除雪で活躍した。加茂～村松間廃止を経て全線廃止まで在籍し、蒲原鉄道の歴史の中で1両のみの電気機関車であった。◎村松　1978（昭和53）年10月22日

モハ11形モハ11と同じく、デ11形として1930（昭和5）年に日本車輌製造で製造され、改番でモハ11形モハ12となった。
写真当時はワンマン改造が施され「ワンマン締切」「ワンマン出入口」の白ベース黒文字の表示板を付けた。ワンマン化時に
乗務員扉を新設してダブレット交換をしやすくしたが、かなり狭い幅の扉だった。廃車はモハ11や元モハ13（モハ51）と同
じ、1985（昭和60）年4月の部分廃線時であった。◎村松　1978（昭和53）年10月22日

750V時代の松本電鉄。今や懐かしい
塗色でモハ10形電車が走る。間接非
自動制御で統一し、統括制御運転をし
た。日本車輌製造で新製されたバス窓
の日車標準車体を載せているが、床下
機器は旧車を流用。そのため、1986
（昭和61）年12月の1500V昇圧を前に
運用離脱し、廃車となった。
◎三溝～新村
1985（昭和60）年4月29日
撮影：亀井秀夫

白根行のワンマン車モハ20形モハ21で
ジャスコの広告付。モハ20形モハ21は、
モハ10形同様、1960年代に旧車の改造
名義で日車標準車体を載せた更新車。機
器類は旧車のものだった。白根味方大凧
合戦と記された勇壮な開催案内板が写
る。中ノ口川（中之口川）で繰り広げら
れる大凧合戦で、相手の綱が切れるまで
競う伝統の行事だ。
◎白根
1993（平成５）年７月24日
撮影：亀井秀夫

小田急色のモハ2220形モハ2229＋モハ
2230が走る。1984（昭和59）年に小田
急が廃車したデハ2229とデハ2230で車
番か同じ。ワンマン化を行い、小田急色
から塗色変更されずに1985（昭和60）年
に導入した。併用軌道の軌道線区間も走
行するため排障器が付く。利用者減少が
続いた新潟交通では単行運行が増加し、
2両編成のモハ2220形の運用機会は多
くは無かった。
◎燕～灰方
1993（平成5）年7月24日
撮影：亀井秀夫

月潟～燕間の廃線が近づきつつある頃の
撮影。1993（平成5）年8月に月潟～燕
間は廃線になった。モハ10形モハ12に
よる東関屋行。モハ10形は1960年代に
各車両が登場。旧車の機器を使っている
が、近代的な車体へするためにバス窓の
日車標準車体を載せた。新潟交通の日車
標準車体は、前面が2枚窓でステップを
設けた。
◎燕～灰方
1993（平成5）年7月24日
撮影：亀井秀夫

DD51形505号機牽引の列車。スユニ61＋オハ61ほか。225レ郡山発新潟行で、早朝6時すぎに郡山を発車して新潟へ向かって午前中に走った。駅間の平瀬トンネルは2000mを越えるトンネルだ。◎日出谷～鹿瀬　1978（昭和53）年10月22日

70キロポスト地点を走る226レ新津発郡山行。磐越西線は郡山～新津間の路線だが、会津若松を境に新津方面は会津若松からの距離でキロポストが立つ。ただし、営業キロとは微妙に数が異なる。DD51形35号機牽引で狭窓が並ぶスハフ32＋スハ43＋スハ43＋オハ61の編成を後追い撮影。SG、スチーム暖房の古きよき汽車旅シーン。
◎鹿瀬～日出谷　1978（昭和53）年10月22日

2章

モノクロフィルムで記録された
長野県・新潟県の鉄道

1930（昭和5）年、日本車輌製造製の凸型機ED1形。一見すると貨車を2両連結する貨物列車のように見えるが、写真は構内入換中のED1形。写真当時は貨物営業が廃止される前ではあったが、年間貨物輸送量が少ない蒲原鉄道では、電車牽引の不定期貨物列車で事足りることが多く、ED1形はもっぱら構内入換えが主な仕事だった。右側に写るのはバス車庫。蒲原鉄道の全線廃止後にバス車庫が拡張された。◎村松　1978（昭和53）年10月21日

信越本線

非電化時代の風景。安中から群馬八幡
へ向けて走る上り列車で、高崎第一機
関区のD51形745号機＋D51形による
322列車。もう１枚は下り列車で、群
馬八幡から安中へ向けて走る高崎第一
機関区のD51形509号機牽引313列車。
◎安中～群馬八幡と群馬八幡～安中
1962（昭和37）年２月４日
（２枚とも）

高崎第一機関区のD51形154号機牽引の貨物列車。右側に写る送電用のハエタタキが懐かしい。写真左側に写るのは中山道の旧道。中山道には16番目の宿場、松井田宿があった。◎松井田～横川　1962（昭和37）年2月4日

在りし日の松井田駅信号場の風景。キハ57系による上り急行「志賀」が通過中。通票キャリア授器と受器が写る。松井田駅のプラットホームは信号場建屋の向う側。◎松井田　1962（昭和37）年2月4日

碓氷川沿いの農村風景を走るD51形
745号機牽引の貨物列車。写真は国道
18号との交差地点からの撮影。
◎松井田〜横川
1962(昭和37)年2月4日

D51形509号機＋D51形470号機の重連牽引で松井田駅信号場を通過する下り急行「白山」。写真中央に写るのが、ポイントてこを操作する信号場の建屋。◎松井田　1962（昭和37）年4月29日

松井田信号場でのひとコマ。第一種機械連動装置てこを操作中の職員。◎松井田　1962（昭和37）年4月22日

松井田駅の信号場付近で撮影の下り貨物列車でD51形745号機牽引。写真手前に螺旋状の通票受器が写る。
◎松井田　1962（昭和37）年4月22日

勾配型スイッチバック駅の松井田駅から続く勾配を行くシーン。25‰の勾配を単機で挑むD51形745号機牽引の貨物列車。
◎松井田～横川　1962（昭和37）年4月22日

高崎～横川間電化に伴い電気機関車が牽引。写真は高崎第二機関区のEF58形136号機が牽引する601列車急行「白山」。10系客車が多用され、ナハフ11やナハ10が見られる。当時は単線で松井田～横川間の複線化は1965（昭和40）年だった。
◎松井田～横川　1962（昭和37）年7月15日

非電化時代の信越本線と高崎第一機関
区D51形154号機が牽引する下り貨物列
車。もう1枚は、スイッチバック式時代
の松井田駅とD51形238号機牽引の下り
列車。松井田駅は日本最古の勾配型ス
イッチバック駅だったが、電化複線化に
よって駅は2キロ先へ移転し、代替とし
て西松井田駅が開業した。
◎松井田
1962（昭和37）年2月4日
（2枚とも）

25‰の勾配を単機で挑むD51形817号機が牽引する客車列車。勾配型スイッチバック駅の松井田駅から続く勾配を行く。
◎松井田〜横川　1962（昭和37）年4月22日

311列車の車窓から見た横川機関区
とアプト式電気機関車ED42形が並ぶ
姿。横川機関区は、横川～軽井沢開
通にそなえて横川機関庫として開設。
その後、横川機関区へ改称。珍しい
アプト式機関車が配置される機関区
だった。
◎横川機関区
1959（昭和34）年10月31日

難所碓氷峠を前にしては、D51もこの駅
までで、アプト式の電気機関車の解結を
行う横川駅には、同駅まで牽引してきた
蒸気機関車が次の運用にそなえる駐機場
があった。写真左から高崎第一機関区の
D51形631号機とD51形912号機が並ぶ。
◎横川駐機場
1961（昭和36）年11月5日

36

301D急行「志賀」にED42形が連結された直後の様子。奥がこれから挑む碓氷峠で本務機ED42形26号機他の四重連によって推進運転を行った。気動車は横軽対策を施したキハ57系。古い駅写真を見ていつも思うのだが、当時の駅構内にはどこか品を感じる整然とした雰囲気がある。
◎横川
1961（昭和36）年11月3日

高崎第一機関区のD51形745号機が転車台で転向中。写真左側に横川駅の跨線橋が写る。駐機場だが機関支並みの施設だった。各地には横川のような鉄道で栄えた町や地域があった。機関車交換や給炭・給水をするための職員を要し、地方の駅や町の活性化に大きく貢献していた。◎横川駐機場　1961（昭和36）年11月5日

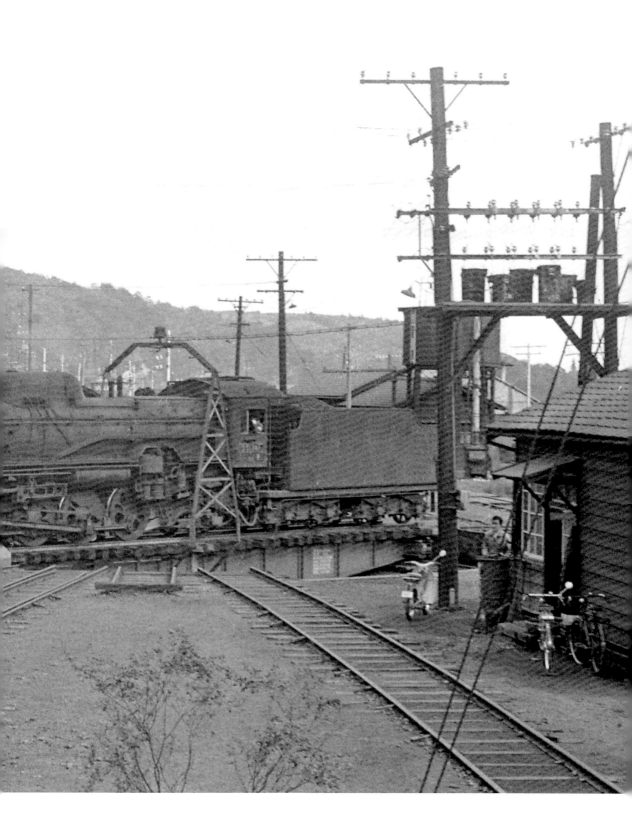

活気が漂う往年の横川駅。キハ57系7連＋ED42形26号機他の四重連推進運転で峠（写真右奥）へ向けて発車する急行「志賀」。今日の鉄道シーンでは見られないような迫力が感じられる。写真右側には機関車連結を待つ列車、左側にはEF63形の荷重試験用と思われる暖房車が写る。◎横川　1962（昭和37）年7月1日

横川〜軽井沢間は電化でも、その東西は非電化だった。写真は、高崎〜横川間の電化前の様子。高崎第一機関区配置D51形817号機＋D51＋オハフ61他の上り普通列車。
◎横川
1962（昭和37）年7月1日

本務機ED42形23号機他の三重連と準急「妙高」。1番線で上り列車。機関車交換で長時間停車する横川駅では、1958（昭和33）年に販売開始された「峠の釜めし」が人気で、ED42形23号機が写る右側向うに駅弁の立ち売り姿が写っている。
◎横川　1961（昭和36）年11月5日

横川駅４番線で撮影の荷重試験時の様子。試9091列車。試作車EF63形１号機＋クヤ99（99000）形＋暖房車マヌなどをずらりと並べた編成。◎横川　1962（昭和37）年７月１日

客車列車の横川方はED42形の三重連。ED42形12号機の運転台窓から進行方向を確認しながら下り列車が発車するところ。
1893（明治26）年の横川〜軽井沢間の開業以来、100年以上に渡り難所碓氷峠を越えてきた。
◎横川　1962（昭和37）年7月1日

峠越えを終えて横川駅1番線に入線する上り列車を後追い撮影。第三補機のED42形11号機が写る。当時は高崎〜横川間の電化前で、アプト式電気機関車から蒸気機関車への機関車交換が行われていた。
◎横川
1962（昭和37）年7月1日

横川でバトンタッチした高崎第二機関区のEF58形136号機が牽引する2306列車準急「妙高」。写真右に写るのは、準急「妙高」を牽引して碓氷峠を越えてきたED42形2号機他で、引き渡し後の様子。◎横川～松井田　1962（昭和37）年7月15日

高崎～横川間電化の初日。EF15形も客車列車の牽引に運用された。写真は横川駅1番線で、326列車を牽引する高崎第二機
関区のEF15形124号機。編成はオハフ61＋スユニ60＋マニ60＋スロハ31他。
◎横川　1962（昭和37）年7月15日

高崎〜横川間の電化によって、それまで客車や気動車のみだった横川駅に電車が並ぶようになった。写真左から碓氷峠越え前の80系2305M準急「軽井沢」、中線にはクモハ40他の折り返し電車高崎行、1番線にはキハ57系302D急行「とがくし」上野行が写る。
◎横川
1962（昭和37）年11月4日

アプト式運行最終日の横川機関区。写真左からED42形22号機、記念マーク付のED42形17号機、ED42形5号機が写る。同年7月に新線の一部が開通し、一部の列車は粘着運転を開始していたが、ついに9月29日を最後にアプト式の運行が廃止され、翌日からは全ての列車が粘着式の新線へ切り替わった。◎横川機関区 1963（昭和38）年9月29日

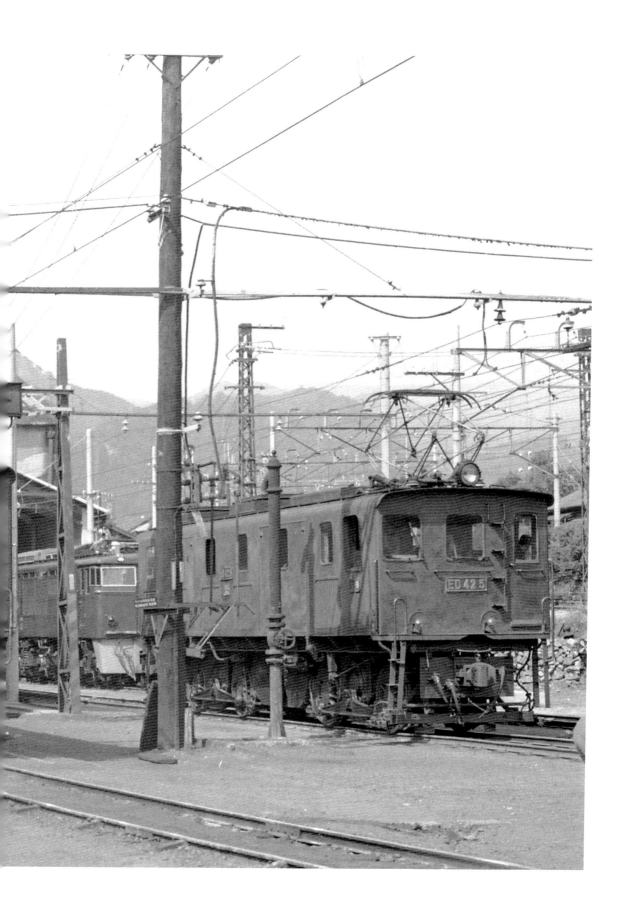

信越本線下り列車の機関車交換シーン2枚。311列車とキハ57系301D急行「志賀」が写る。碓氷峠を越える列車は横川で
アプト式のED42形へバトンタッチ。当時は当たり前の日常風景で、機関車交換のために乗客は待たされたが、鉄道好きにとっ
ては碓氷峠越えを前にした心躍るひとときであった。（2枚とも）
◎横川　1959（昭和34）年10月31日（上）　◎横川 1961（昭和36）年11月3日（下）

最大66.7‰の連続急勾配が続く横川〜軽井沢間の前線基地だった横川機関区。写真は左からED42形6号機、ED42形15号機、ED42形8号機。もう1枚は同日撮影で、入換中のED42形8号機（左）と帰区直後のED42形22号機他。機関区には第三軌条はなく、ED42形のパンタグラフが上がる。（2枚とも）◎横川機関区　1961（昭和36）年11月5日

高崎〜横川間電化初日。写真左奥に
ED42形を連ねて碓氷峠を越えてきた
列車が停車中。この後ED42形が解放
され、中線に写る高崎第二機関区配置
EF53形13号機が機回しを行い連結す
る。2枚目はED42形と並ぶEF53形
13号機。3枚目はEF53形13号機と連
結した324列車で、スハニ32＋オハ61
＋オハ60×2＋オハフ61。
◎横川
1962（昭和37）年7月15日
（3枚とも）

EF63形の車両性能試験時の様子。新製間もないEF63形1号機とアプト式のED42形10号機が並び、EF63形には車両性能試験車クヤ99（99000）形が連結されている。2枚目の写真は、EF63形1号機のサイドからの全景。EF63形1号機は試作車で、ラック式鉄道から粘着式へと変わる時代のひとコマだ。写真3枚目は車両性能試験車クヤ99（99000）形の側面も写る写真。
◎横川機関区
1962（昭和37）年7月1日
（3枚とも）

上野発直江津行327列車。急勾配を示す勾配標が立つ横を第三補機のED42形18号機が走る。ラックレールや第三軌条の姿も写る。第三軌条からの給電によって架線柱や架線がなく、架空電車線方式に比べてすっきりした写真が撮影できた。
◎丸山信号場～熊ノ平　1959（昭和34）年7月25日

アプト式運行最終日に丸山信号場を行く上り列車。第三補機のED42形2号機を後追い撮影。右側に写るのは、下り方場内信号機。線路際にはアプト式最終日を撮影するファンの姿が見られる。◎丸山信号場　1963（昭和38）年9月29日

4連アーチ橋の碓氷第三橋梁を行く上野発金沢行の603列車急行「白山」。ED42＋スロフ53＋スハフ42他の編成。煉瓦造り
4連アーチ橋、通称：めがね橋との昔日の鉄道風景。現在は遊歩道として整備され、国の重要文化財である。
◎丸山信号場～熊ノ平　1959（昭和34）年7月25日

３号トンネル付近で後追い撮影の1305列車準急「高原」。上野発長野行で７月から９月にかけて運行された。本務機の
ED42形19号機他が写る。アプト式の独特の音色を聞きながらこのような高原列車で避暑地を訪れることができた。「高原」
という列車愛称にふさわしく、軽井沢を発車すると、中軽井沢のほか信濃追分にも停車した。
◎丸山信号場〜熊ノ平　1959（昭和34）年７月25日

横川〜丸山信号場間の複線を走るシーン。横川を発車した下り貨物469列車を後追い撮影したもの。本務機ED42形19号機
他。碓氷峠ならではの急勾配の連続は先で、線路を見るとわかるように、このあたりではラックレールがない。
◎丸山信号場〜横川　1959（昭和34）年７月25日

アプト式の楽しみは、やはりラックレール。ラックレールと歯車が噛み合うことで発するガリガリという音が峠越えを感じさせた。写真は、311列車から進行方向を望んだところ。丸山信号場を進行中で、ラックレール直前。ラックレール区間にED42形第三補機が差し掛かったところ。その先の勾配の様子も写し出されている。
◎丸山信号場　1959（昭和34）年10月31日

横軽、碓氷峠越えは、勾配とともにトンネルも続いた。写真は311列車の車内から進行方向逆を望んだところで、写真右側に写る碓氷第一トンネルを抜け、碓氷第二トンネルへ向けて大カーブを描くシーン。列車後部にED42形本務機と第一・第二補機が写る。◎丸山信号場〜熊ノ平　1959（昭和34）年10月31日

山岳鉄道らしい景色。写真の構図的には熊ノ平～丸山信号場ではあるが、列車は丸山信号場から熊ノ平へ向けて走り、その後追い撮影。ED42形三重連＋貨車＋オハニ61、オロ35他による鈍行列車。左に写るのはダム湖の碓氷湖。
◎丸山信号場～熊ノ平　1961（昭和36）年10月29日

下り特急「白鳥」がアプト式運行最終日の碓氷峠へ挑むところを後追い撮影。写真手前から本務機ED42形22号機他の三重連＋キハ82系＋第三補機ED42形。ED42形22号機のサイドに大型円形の「白鳥」マークが写る。
◎丸山信号場〜熊ノ平
1963（昭和38）年9月29日

ED42形2号機＋暖房車ヌ100＋オハフ33他による311列車。給電用の第三軌条（写真左）にED42形の集電靴が擦れて走行するシーン。ED42形が3両写るもう1枚は、振り向き後追い撮影した写真。本務機ED42形25号機他が走り去って行く。
◎丸山信号場付近
1961（昭和36）年10月29日
（2枚とも）

アプト式時代の末期に登場して華を添えた特急「白鳥」の峠越え。後部にED42形4両を連結して峠越えをするキハ82系が写る。1961（昭和36）年から製造されたキハ82系特急形気動車のため車体が美しいのがモノクロ写真でもわかる。もう1枚はその後追い撮影で碓氷湖付近を走る。◎丸山信号場〜熊ノ平　1961（昭和36）年10月29日（2枚とも）

アプト式運行最終日の熊ノ平〜丸山信号場間を行く上り列車。本務機ED42形19号機他の三重連＋スニ75＋スハニ35など。
最後尾第三補機はED42形2号機。右側には粘着式の新線が写る。◎熊ノ平〜丸山信号場　1963（昭和38）年9月29日

熊ノ平を発車した3303列車。最後尾の横川方に連結のED42形３両が写る。この3303列車は上野発中軽井沢行の臨時準急列車で、当時の時刻表付録「夏の臨時列車」の時刻欄によると上野7:38発で、写真の熊ノ平は10:37発だった。
◎熊ノ平　1959（昭和34）年７月25日

熊ノ平を12:34に発車し、碓氷第三橋梁を渡る直江津発上野行330列車。ED42形３連が写り、マユニ60＋マニ60を連結した編成。真夏の昼間の強い光線が煉瓦造りのアーチ橋を照らし、開けた窓が並ぶ客車と乗客の様子から蒸し暑さが感じられる１枚。
◎熊ノ平～丸山信号場
1959（昭和34）年７月25日

アプト式時代の有名地と言えば、やはり碓氷第三橋梁。写真は下り列車で補機ED42形２号機が写り、オハフ33の次にはダ
ブルルーフのオハ31客車も写る。めがね橋を行くラック式鉄道のシーンは世界的にも知られた。
◎熊ノ平〜丸山信号場　1961（昭和36）年10月29日

在りし日の熊ノ平駅。2番線に進入する本務機ED42形26号機他牽引による上り列車が写る。単線区間の丸山信号場〜矢ヶ崎信号場間に位置し、列車交換設備を備えた駅（後に信号場）で、山中の駅ではあるものの優等列車の停車駅だった。
◎熊ノ平　1961（昭和36）年11月5日

第三軌条から給電、しっかりとラックレールと噛み合いながら走る本務機ED42形25号機ほか三重連を後追い撮影。写真右側は営業運転開始前の新線で粘着式のEF63形の運行に向けて架空電車線方式になっており、第三軌条やラックレールはない。左のアプト式の路盤は複線化で使用される。◎熊ノ平〜丸山信号場　1962（昭和37）年11月4日

新線を行く粘着式EF63形1号機牽引の試1092列車。廃車体のEF55形1号機やトラ6000、スヌ、オヌといった暖房車を牽引して最大勾配66.7‰地点を行く。写真左側に66.7‰を示す勾配標が写る。新たな峠越え伝説が始まる序章であった。
◎熊ノ平～丸山信号場　1962（昭和37）年11月4日

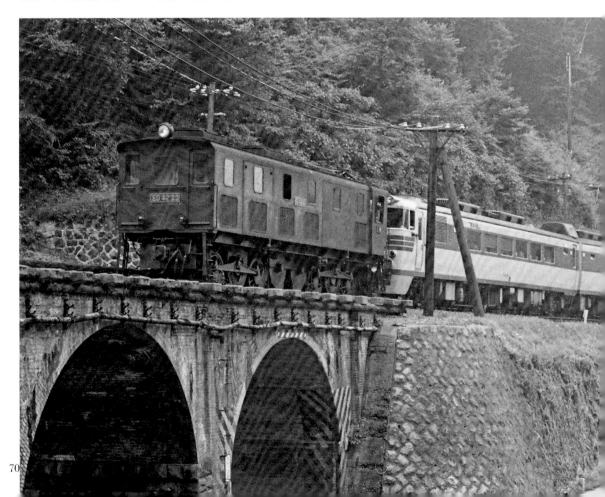

碓氷第26号トンネルを出て、軽井沢駅の手前、矢ヶ崎信号場付近を走る急行「志賀」を後追い撮影。キハ57系の向こう奥からED42形13号機、キハ57系7連、写真手前ED42形12号機ほか三重連。写真奥の建物は在りし日の矢ヶ崎変電所。
◎熊ノ平～矢ヶ崎信号場　1963（昭和38）年7月14日

碓氷第17号トンネルから出てきた下り特急「白鳥」。ED42形22号機がアーチ橋の中尾川拱橋に差し掛かったシーン。まるで鉄道模型のジオラマのようだ。キハ82＋キロ80＋キシ80＋キハ80と続き、最後尾はまだトンネルの中。並走するトラックや乗用車のスタイルも懐かしい。
◎熊ノ平～矢ヶ崎信号場
1963（昭和38）年7月14日

601列車急行「白山」が熊ノ平駅に到着。ED42形9号機＋オロ61形2012＋ナハフ11が写る。帯入の一等車（二等級制時代）
オロ61形はオハ61形から改造のリクライニングシート車。うち、写真の2000番台は電気暖房付である。ただし当時は冷房
装置が普及しておらず、一等車ながら窓を開けて涼んだ。◎熊ノ平　1963（昭和38）年7月14日

1963（昭和38）年7月15日から一部の列車で粘着式新線での運行が開始されていた。写真はEF63形1号機＋EF63形2号
機（手前）による80系300番台使用の2306M準急「軽井沢」。築堤下にはアプト式運行最終日のラックレールや第三軌条が写
る。◎熊ノ平〜丸山信号場　1963（昭和38）年9月29日

EF63＋EF63＋80系による乗務員習熟運転の様子。翌日から一部の列車で粘着運転による運行が開始され、アプト式での運行と併用された。◎熊ノ平　1963（昭和38）年7月14日

碓氷川を跨ぐ碓氷第三橋梁と国道18号。国道から見た煉瓦造りアーチ橋の風景としてポピュラーな構図。碓氷第三橋梁は横川〜軽井沢間の開通に際して1893（明治26）年に竣工。アプト式廃止後も残り、現在は「アプトの道」として遊歩道になっている。写真は324列車で、右からオハ35＋オハフ61＋第三補機ED42が写る。
◎熊ノ平〜丸山信号場　1963（昭和38）年9月22日

第三トンネル付近を走る本務機ED
42形23号機他三重連で準急「妙高」。
撮影同年10月１日のダイヤ改正で
昼行準急「白樺」が準急「妙高」へ
統合し、夜行のみだった準急「妙高」
に昼行列車が登場した。この昼行準
急「妙高」は撮影翌年の1962（昭和
37）年12月に急行化された。もう一
枚は後追い撮影で国道16号との交差
上で撮影の補機ED42形3号機＋ナハ
フ11＋ナハ10他。
◎熊ノ平～丸山信号場
1961（昭和36）年10月29日
（２枚とも）

高崎発長野行325列車でオハフ61ほかの編成。ラック式時代の碓氷峠を越えて軽井沢に到着した列車は、軽井沢8:58着9:22発で牽引機をD50に交換。軽井沢〜長野間の電化はまだ先で、長野機関区配置のD50形132号機牽引によって長野を目指す。
◎軽井沢
1959（昭和34）年7月25日

軽井沢駅に隣接の軽井沢機関支区で入換えに使われるC12形7号機。除煙板のないすっきりした外観もC12の特徴。7号機には横の区名札が見られる。軽井沢機関支区は軽井沢機関庫から横川機関庫分庫になり、横川機関区の機関支区になった。
◎軽井沢
1959（昭和34）年7月25日

横川方からの撮影で、写真左側が軽井沢駅のプラットホーム。本務機ED42形11号機他の三重連が上り列車（328列車）の到着を中線で待機しているところ。連結後は、ED42形三重連を先頭にして碓氷峠を越えた。
◎軽井沢
1959（昭和34）年7月25日

矢ヶ崎信号場から熊ノ平へ向けて走る上り列車。矢ヶ崎信号場は勾配区間の終点であり始点。上り列車では始点になり、ラックレールが始まる地点でもあった。写真はED42形26号機ほか三重連＋貨車＋ED42形。
◎矢ヶ崎信号場〜熊ノ平　1963（昭和38）年7月14日

長野機関区D51形95号機。D51初期車にはドーム上に給水過熱器が砂箱と煙突間にあり、それを覆うスタイルで、半流形もしくは「なめくじ形」とも呼ばれる。スハ43＋オハフ33＋ナハ10ほかによる編成。
◎軽井沢
1962（昭和37）年7月1日

食堂車を連結したキハ82系の6連の特急「白鳥」。後年だと日本海縦貫線のみの印象のある特急「白鳥」だが、当時は信越本線での運行もあり、信越白鳥とも呼ばれた。D51牽引の列車撮影の合間にキハ82系「白鳥」も撮影できるという、今では考えられない贅沢な時間を過ごすことができた。◎信濃追分～御代田　1962（昭和37）年11月3日

D51形1067号機が牽引する上り2306列車の準急「妙高」。撮影に適したカーブを行く編成は、オニの次がスロ51＋スハ43
＋ナハ11、ナハフ11といった具合。スロの等級帯が古きよき優等列車を感じさせる。
◎御代田～信濃追分　1962（昭和37）年11月3日

D50形266号機牽引の貨物列車が勢いよく煤煙を上げてやってきた。国鉄が貨物輸送の主役であった時代のシーン。当時の
信越本線は単線時代。御代田駅がスイッチバック駅だったのも遠い昔となった。
◎御代田～信濃追分　1962（昭和37）年11月3日

長野（北陸）新幹線によってすっかり往時の賑わいを無くした小諸駅だが、写真は国鉄信越本線黄金時代のワンシーン。急行「白山」の到着で、手前はD51形160号機。オハニ36＋スロ51＋スロ53＋ナハ11などによる編成。「白山」の愛称は後に特急に使用され、小諸駅は停車駅だった。優等列車の停車駅として活気のあった雰囲気が写真からも感じられる。
◎小諸　1963（昭和38）年2月7日

農作業風景を眺めつつ、のどかな千曲川中流域の沿線をかすめて快走するクハ181-3ほか8連の特急「あさま2号」。前照灯は撤去済。181系は出力を増強した勾配に強いタイプ。151系や161系も181系化された。
◎戸倉〜屋代　1972（昭和47）年4月23日

上越線

水上～湯檜曽間の第一湯檜曽ループトンネル入口へ向かって走る下り729列車長岡行。牽引機は長岡第二機関区のEF13形12号機。写真の729列車はトンネルに入りループした後、写真上に写る高い地点を走った。現在の下り列車はループトンネルを通らない。写真当時は単線でループトンネルの第一湯檜曽トンネルしかなく、上り列車も下り列車もループトンネルを通った。その後、新清水トンネル開通と複線化によって下り列車が新清水トンネル、上り列車がループトンネルを通ることになった。また、写真当時の湯檜曽駅は現在地とは異なり、ループトンネルを出た先の土合側に駅があり、そのためにループトンネルの駅間は現在とは異なり水上～湯檜曽間であった（現在は土合～湯檜曽間）。
◎水上～湯檜曽（当時）　1957（昭和32）年5月19日

EF16形12号機＋EF15形による貨物列車。EF16形は1000分の20の勾配が続く上越国境越えに備えた機関車が配置された水上機関区配置だ。水上～越後湯沢間の開通は1931（昭和6）年、これにより上越線が全通。水上～石打間はその開通に合わせて電化された。◎水上～湯檜曽　1976（昭和51）年9月5日

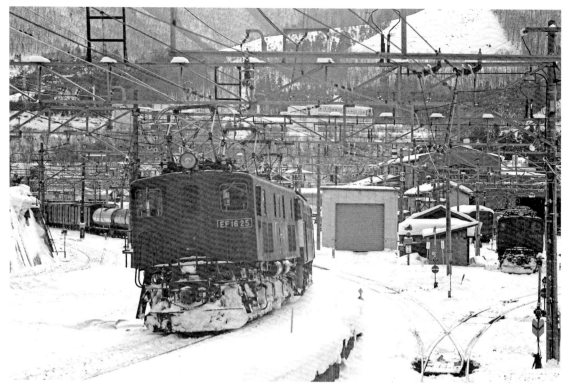

真冬の勾配越えに挑む貨物列車。上越国境越え用の電気機関車を配置する水上機関区の横を通り過ぎる同機関区のEF16形25号機＋EF65形1000番台。カーブを描き、貨車が連なる。水上機関区にはEF16形22号機が写る。
◎水上　1977（昭和52）年1月30日

長岡第二機関区EF57形11号機牽引による上り702列車急行「佐渡」。大穴スキー場下あたりでの撮影で、学生服を着た生徒が写る。水上発着は正午すぎ。「佐渡」の客車列車時代で、三等級制時代の二等車を連結していた。
◎湯檜曽～水上　1957（昭和32）年5月19日

181系エル特急「とき」と上越線の雪景色。ボンネットスタイルの先頭車が雪煙を舞い上げてやってくるところ。冬の上越線で幾多も見られた思い出のシーン。写真は奥利根館際からの撮影。
◎湯檜曽～水上
1977（昭和52）年1月30日

真冬の上越線を行く165系。3602M急行「よねやま」で直江津発上野行。直江津9:20発、水上12:08着12:10発。撮影は大穴スキー場下で、当時の上越線沿線のスキー場では、国鉄時代の特急や急行が行き交うシーンとのコラボレーションが楽しめた。
◎湯檜曽～水上
1977（昭和52）年1月30日

水上鉄橋とも言われる利根川橋梁を渡るシーン3枚で上り。水上機関区EF16形11号機＋長岡第二機関区EF15形150号機牽引の貨物列車。2010Mエル特急「とき5号」。水上機関区EF16形29号機＋高崎第二機関区EF58形134号機＋12系客車10連の8702レ臨時急行「石打スキー1号」。◎湯檜曽～水上　1977（昭和52）年1月30日（3枚とも）

水上機関区のEF16形27号機と長岡第二機関区のEF15形6号機による貨物列車が行く。旧型電機の重連運転は、上越国境越えの名物であり、当時の鉄道ファンにとって格好の被写体であった。◎土樽～越後中里　1976（昭和51）年11月7日

水上機関区EF16形31号機と長岡第二機関区EF15形133号機とのコンビ。連なる貨車がカーブを描きながら越後湯沢方面へ走る。当時の駅間は越後中里～越後湯沢間で、両駅間の岩原スキー場前駅は当時スキー客のための臨時乗降場だった。
◎越後中里～越後湯沢　1976（昭和51）年11月7日

115系が上越線を走るのも今や懐かしいシーンだ。魚野川の大橋梁を渡る115系７連＋クモユ141。上野発長岡行普通電車723Mで、上野5:53発、土樽発は9:48であった。背景には山の斜面を切り拓いた雄大なスキー場の姿が写る。
◎土樽〜越後中里　1976（昭和51）年11月７日

グリーン車2両を連結した堂々たる165系13両編成の急行「佐渡」。写真右1～3号車が普通車指定席、4～5号車がグリーン車指定席、残り6～13号車は普通車自由席だった。写真は新潟12:32発704M急行「佐渡2号」。
◎越後中里～土樽　1976（昭和51）年11月7日

魚野川を渡るシーン3枚で、上り線。2042M特急「いなほ1号」秋田発上野行が写り485系。2006Mエル特急「とき3号」で183系1000番台を後追い撮影。水上機関区EF16形31号機＋高崎第二機関区EF15形75号機＋車掌車ヨ＋タンク車他が写る。
◎越後中里〜土樽
1976（昭和51）年11月7日
（3枚とも）

３月に入っても雪深い。上越線はカーブが多く、山間のカーブ区間ならではの構図で撮影。上野7:17発の701M急行「佐渡
１号」は10時台。上越線の雪景色に165系がよく似合っていた。◎越後湯沢〜石打　1977（昭和52）年３月６日

晴天のなか、太陽が雪に反射して165系を照らす。写真は直江津発上野行3602M急行「よねやま」でグリーン車2両を含む13両編成。上野方3両が普通車指定席で、4〜5号車がグリーン車指定席、6〜13号車が普通車自由席。つまり、急行「佐渡」と同じ構成。長岡〜直江津間は編成が逆になった。◎石打〜越後湯沢　1977（昭和52）年3月6日

上越線らしい雪景色の鉄道風景。水上機関区EF16形31号機＋長岡第二機関区EF15形137号機牽引の貨物列車。このような貨物列車は現在見られないが、今もEH200形牽引による貨物列車が走る。
◎石打〜越後湯沢
1977（昭和52）年3月6日

篠ノ井線

松本機関区配置のC12形95号機で白線入り。煙突とつながる細い管は空気圧縮機排気管で、勢いよく飛び出すシーンが写っている。右側には名古屋鉄道管理局の名マークが入った貨車。◎松本　1964（昭和39）年3月22日

国鉄では無煙化に向けて電化の計画や気動車の導入などを進めていた頃だが、まだまだ蒸気機関車が活躍をしていた時代で、松本機関区の大規模な給炭台や給炭用のクレーンが写る。手前には篠ノ井線を走る松本機関区配置のD50形360号機。
◎松本　1964（昭和39）年3月22日

スイッチバック式の姨捨駅。写真左端が本線。通過列車は写真手前側のホームへは入線せず、そのまま左端の本線を通過。写真は165系4連の下り普通が向かってくるシーンで、本線から左へ分岐して進むところ。駅舎側の1番ホーム（長野方面）へ向かっている。停車後、後進して左奥に写る引き上げ線に入り、向きを変えて本線へ向かう。上り列車は左端の本線から左奥に写る引き上げ線へ入り、後進して2番ホーム（松本方面）に入線。進行方向を変えて左奥に写る引き上げ線右側の本線へ入る。◎姨捨　1977（昭和52）年9月4日

上り普通の80系電車と並ぶEF64形61号機牽引の貨物列車。駅名標が写る上りホーム（松本方面）は日本三大車窓の善光寺平が見渡せるスポットとして有名。古くからの名所、棚田に映る月で知られる「田毎の月」が眼下だ。
◎姨捨　1977（昭和52）年9月4日

EF64形63号機牽引の貨物列車が1番線に入線。機関車次位に車掌車を連結した今や懐かしい貨物列車。1番ホームに停車後、後進して引き上げ線へ入り、向きを変えて本線へ向かう。◎姨捨　1977（昭和52）年9月4日

姨捨駅上りホームの向こうは斜面で、善光寺平を望むことができる。駅と絶景の間を走り抜けるのは、スイッチバックをしないで本線を通過するキハ58系の急行「赤倉」名古屋発新潟行。中央本線、篠ノ井線、信越本線を走った。
◎姨捨
1977（昭和52）年9月4日

大糸線

大糸線を走った松本機関区配置のC56形112号機。大糸線ではすでに旅客列車の蒸気機関車牽引はなかった時代で、貨物列車の牽引でC56は運用されていた。◎松本　1966（昭和41）年12月12日

クモハユニ44形クモハユニ44000。身延線へ転出する前で一部分の低屋根改造前の姿。塗色は茶（ぶどう色）。クモハユニ44形クモハユニ44000は、モハユニ44形として1934（昭和9）年に製造されたうちの1両。三等郵便荷物合造車で荷物室、郵便室、客室と続く。前面は非貫通。クモハユニになったのは、1959（昭和34）年の車両称号規程改正で制御電動車はクモに規程したため。遡ること、1956（昭和31）年に身延線へ転出した他のモハユニ44形は、全面低屋根改造を行い、1959（昭和34）年12月に800番台を付番（例：クモハユニ44001→クモハユニ44800やクモハユニ44002→クモハユニ44801など）。その影響で大糸線配置のクモハユニ44003はクモハユニ44000になった。1968（昭和43）年にクモハユニ44000も身延線へ転出。パンタグラフ部分の低屋根改造が施され800番台が付くクモハユニ44803へ改番した。
◎松本　1966（昭和41）年12月12日

信濃鉄道時代にすでに電化していた松本〜信濃大町間。安曇野の風景を走るクハ55＋クモハ60ほかの6連。梓橋駅の駅名は梓川の橋から。この駅名由来の橋とは信濃鉄道の橋梁のこと。橋付近に駅があり、台風で橋梁が被害を受けた後に建設された新橋梁側へホームが移転した経緯がある。◎梓橋〜一日市場　1978（昭和53）年6月4日

ED60形牽引の貨物列車。ED60形は昭和30年代前半に順次新製された中型の直流形電気機関車。大糸線のような私鉄から国有化された買収線区などの規格に合う新型電気機関車として活躍した。◎一日市場〜梓橋　1978（昭和53）年6月4日

クモユニ81＋クハ55ほかの5連を後追い撮影。クモユニ81は、かつては80系電車に連結されて大幹線を走った郵便荷物車で、80系ならではの湘南窓を両端に持つ両運転台車。パンタグラフを2基搭載。幹線での使命を終えて大糸線で余生を送っていた。写真の337Mは松本発南小谷行で、普通列車ではあるものの、信濃大町までは7つの駅が通過駅だった。
◎一日市場～梓橋　1978（昭和53）年6月4日

キハ58系による急行「白馬」。運転台窓はパノラミックウィンドウ。金沢発松本行で、金沢～糸魚川間は急行「しらゆき」に併結。北陸本線と大糸線を糸魚川経由で結んだ当時唯一の優等列車であった。◎一日市場～梓橋　1978（昭和53）年6月4日

丸みがスマートな半流形で、片運転台のロングシート車クモハ60066がやってきた（下）。その次はクハ68で、8両編成。大糸線松本〜信濃大町間は、現在も通勤通学需要を保っているが、写真当時は現在よりも利用客が多かった時代で、旧型国電が連なって走っていた。
◎信濃大町　1981（昭和56）年5月31日（上）
◎安曇沓掛〜信濃常盤　1981（昭和56）年5月30日（下）

雄大な北アルプスを背景に走る165系8連。グリーン車を2両連結した急行編成の間合い運用で、普通列車南小谷発松本行の332M。当時は急行「アルプス」が大糸線優等列車の主力を担い、特急「あずさ」の入線は運行日限定の臨時だった。
◎信濃常盤〜安曇沓掛　1981（昭和56）年5月31日

クハ55443＋クモハ43804＋サハ45007＋クモハ60024による日中の4両編成が走り去り、後追い撮影。各車の違いを味わいながら楽しめた旧国時代の大糸線のひとコマ。スカイブルーの旧型国電を追いかけるファンが多かった。
◎信濃常盤～安曇沓掛　1981（昭和56）年5月31日

架線下に停車するキハ52。1960（昭和35）年7月に信濃四ツ谷（現・白馬）～信濃森上間が電化し、松本～信濃森上間が電化区間に。南小谷まで電化するのは写真の翌年1967（昭和42）年12月で、写真当時は信濃森上駅で電車と気動車を乗換えた。
◎信濃森上　1966（昭和41）年12月12日

信濃大町駅で折り返す糸魚川行。信濃大町は電化区間だが、非電化区間と電化区間を結ぶ気動車列車が運行され、キハユニ26-29とキハ55系の編成。キハユニは郵便荷物合造車、キハ55系は元準急用だが、写真当時は各地で普通列車などに使用されていた。◎信濃大町　1978（昭和53）年6月4日（2枚とも）

飯田線

沢駅は伊那松島駅の隣駅。ED62形単機と荷物電車2連（クモニ83102＋クモニ13025）が交換するシーン。今は無き当駅配置の駅員や懐かしい木造駅舎が写る。現在はED62形側の線路が撤去され1線になっている。◎沢　1975（昭和50）年12月

ED18形2号機＋タキ。ED18形2号機は、飯田線の線路規格に合わせて軸重軽減の改造をED17形から行い、1955（昭和30）年に登場。ED18形を軸重軽減した仲間とともに貨物列車牽引で運用された。ED17形やED18形は東京〜国府津間電化に伴って導入されたイングリッシュ・エレクトリック社製の電気機関車。鰐のような側面の風窓が特徴。写真はED17形改造のED18形2号機が貨物列車運用を行う末期の姿。運用消滅後は浜松工場入換機を経て、佐久間レールパーク展示やトロッコファミリー号の牽引を行い、ファンを喜ばせた。その後は、リニア・鉄道館の展示車両になっている。
◎沢〜伊那松島　1976（昭和51）年10月

中田切川を渡る急行「天竜」。低運転台の153系冷房車。長野発飯田行で、長野を朝8時すぎに発車、飯田に11:30着。旧型
国電王国の飯田線にあって、新性能電車の急行形は優等列車らしい風格を感じさせた。
◎伊那福岡〜田切　1975（昭和50）年12月

大田切川を渡る写真左からクハ47101＋クモハ61004。鉄橋の多い飯田線にあって、旧型国電、ゲタ電とのシーンは当時の
飯田線を物語る印象的な風景であった。旧型国電ならではの個性ある側面を狙ったサイドビューも人気だった。
◎宮田〜大田切　1976（昭和51）年3月

中央本線
（中央西線）

振子式381系の特急「しなの」が木曽路を駆ける。写真は1007M「しなの7号」で名古屋を10:00に発車、長野に13:20着で、所要時間3時間20分。特急「しなの」の名古屋発車時刻は1001M「しなの1号」7:00発から始まり最終（当時）の1017M「しなの17号」17:00発まで、各号ジャスト0分発で覚えやすく、その流れは2023年8月現在の特急「しなの」にも受け継がれている。
◎倉本～上松
1980（昭和55）年3月18日

上松駅構内を俯瞰。積まれた材木や広い構内、写真左右に貨車が写る。EF64形42号機牽引の客レ、オハフ33＋オハ61＋オハフ61＋マニ36などの編成が発車したところ。もう1枚はEF64形44号機牽引の熱田発北長野行荷レ。次位にスユニ50を連結する。◎上松　1980（昭和55）年3月18日（2枚とも）

381系特急「しなの」のシャープな前面
と並ぶクハ85305。381系の特急「しな
の」は1973（昭和48）年に登場、その後
全列車が381系化した。クハ85305は、
サハ85形に運転台を取り付けて制御車に
した車両。短編成にすることで不足する
制御車を補った。（2枚とも）
◎松本　1978（昭和53）年6月3日（上）
◎長野　1978（昭和53）年6月4日（下）

クハ86074＋モハ80808ほかの4連。移転前の塩尻駅で中央西線と篠ノ井線を行き来するには、塩尻駅でスイッチバックして進行方向を変えていた。これを解消するために1982（昭和57）年5月に駅が移転。進行方向を変えずに直通可能になった。
◎塩尻　1978（昭和53）年6月4日

草軽電気鉄道（新軽井沢〜三笠付近）

新軽井沢駅は、新軽井沢と草津温泉を結んだ草軽電気鉄道（以下、草軽電鉄）の起点駅で、信越本線軽井沢駅との乗換駅。木造ボギー客車のホハ21形ホハ21が写る。西尾鉄道からの譲受車で1922（大正11）年日本車輌製造製。写真の翌年、1960（昭和35）年4月に新軽井沢〜上州三原間が廃止となり廃車になった。
◎新軽井沢
1959（昭和34）年7月25日

草軽電鉄では電車よりも安定性のある電気機関車牽引列車がメインで、デキ12形は電化から廃線まで草軽電鉄の主力だった。英国ジェフリー社製で、初期機はポール集電から垂直式パンタグラフへ交換して導入したが、デキ23は増備車のため、当初から垂直式パンタグラフだった。このパンタグラフのスタイルがユニークで「カブトムシ」として親しまれた。なお、デキ23は全線廃止まで運用されたうちの1両。
◎新軽井沢
1959（昭和34）年7月25日

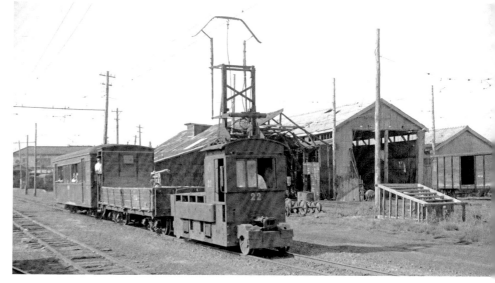

草軽名物の客貨混合列車。
日本鉄道自動車工業（後の
日本鉄道自動車、現東洋工
機）製の緩急車ホト103と
日本車輌製造製の半鋼製車
ホハ33を連結。発車前と発
車シーン、そして後追い撮
影の3枚。牽引機のデキ12
形デキ22（2代）は、撮影年
の翌年、1960（昭和35）年
4月の新軽井沢～上州三原
間廃止時に廃車となった。
◎新軽井沢
1959（昭和34）年7月25日
（3枚とも）

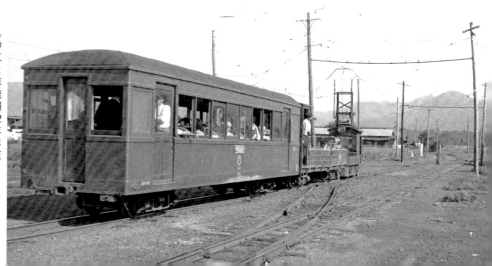

55.5kmの草軽電鉄の起点駅、在りし日の新軽井沢駅構内。軌間762mmの線路が並び、低いプラットホームが時代を感じさせる。奥が駅舎兼本社屋。駅は、1960（昭和35）年4月の新軽井沢〜上州三原間廃止によって廃駅になり、1962（昭和37）年2月の草軽電鉄全線廃止よりも一足早かった。駅跡の敷地は、草軽電気鉄道（草軽電鉄）を継承するバス事業などを行う草軽交通の本社などになっている。◎新軽井沢　1959（昭和34）年7月25日

ずらりと並ぶ車輪が写る検
修庫の様子。屋根が抜け落
ちた車庫があり、当時の経
営状況を垣間見るようだ。
検修庫に入庫中の有蓋貨車
はコワフ100形コワフ103
で、日本鉄道自動車工業（後
の日本鉄道自動車、現東洋
工機）製。
◎新軽井沢
1959（昭和34）年7月25日

コワフ100形コワフ110＋
ト28形ト29。ボギー貨車
と2軸貨車。ト28形は有蓋
車ワフから改造された。
◎新軽井沢
1959（昭和34）年7月25日

ホト110形ホト110。有蓋
緩急車コワフ100形から改
造された無蓋緩急車。端
に屋根付きの乗務室を備え
た。
◎新軽井沢
1959（昭和34）年7月25日

モハ100形モハ102は1941（昭和16）年、日本鉄道自動車工業（後の日本鉄道自動車、現東洋工機）製。写真当時のモハ100形はモハ101とモハ102のみが在籍。モハ103～モハ105はすでに栃尾鉄道（後の栃尾電鉄）へ譲渡されていた。写真は新軽井沢駅を発車したモハ102の旧軽井沢行。モハ100形は全線で運用されず、平坦区間の旧軽井沢行などで運用された。
◎新軽井沢　1959（昭和34）年7月25日（2枚とも）

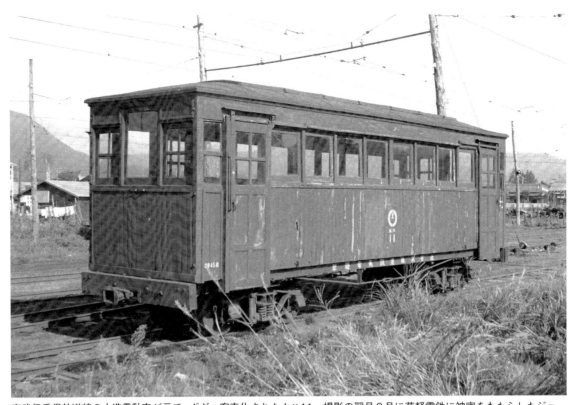

東武伊香保軌道線の木造電動車が元で、ボギー客車化されたホハ11。撮影の翌月8月に草軽電鉄に被害をもたらしたジョージア台風が来襲。流出した橋梁は復旧されず、翌年1960（昭和35）年4月に新軽井沢〜上州三原間が廃止。それに伴いこのホハ11も廃車された。◎新軽井沢　1959（昭和34）年7月25日

鶴溜駅から三笠駅へやってきた上り新軽井沢行のモハ100形モハ102。モハ100形は草軽電鉄の線路状態や同形の適正から、平坦な旧軽井沢や三笠までの区間運用が見られたが、早朝の通勤通学用に三笠より先の軽勾配区間へ乗り入れる運用もあった。◎三笠　1959（昭和34）年7月25日

三笠駅の元の駅名は精進場川駅であった。写真は精進場川橋梁を渡るモハ100形モハ102。モハ100形は新軽井沢〜旧軽井沢、三笠間で主に運用されたことは知られるが、写真のようにその先の鶴溜行も存在した。
◎三笠付近　1959（昭和34）年7月25日

新軽井沢から三笠まで平坦な区間を走って来た列車は、三笠を境に山間の高原地帯へ入る。写真はデキ12形に牽引されて林に包まれた三笠駅を発車した草津温泉行を後追い撮影。この先で西南へ向けて急カーブを描く。
◎三笠　1959（昭和34）年7月25日

上田交通

信州の自然に包まれて走る別所線。連続する千曲川橋梁のトラス橋が圧巻で、旧型のモハ5252が気動車改造のサハ24を連結して走る姿が、ローカル私鉄の醍醐味を感じさせてくれる。◎上田～城下　1972（昭和47）年4月22日

耕作地の木々の間を抜ける丸窓電車モハ5253と付随車サハ41。ラッシュ多客時にサハ41を増結して走った。3扉のモハ5253に対して、サハ40形サハ41は2扉。サハ40形は飯山鉄道の元ガソリンカーで日本車輌製造製。前面2枚窓の丸妻スタイルだった。当時すでにサハ42は事故廃車で在籍せず、サハ41は1980年代まで運用された。
◎城下　1972（昭和47）年4月22日

別所線を走るモハ5250形＋サハ20形サハ24。モハ5250形は上田温泉電軌時代の1928（昭和3）年に日本車輌製造で新造された形式。デナ200形として3両が登場した。丸屋根の半鋼製車で、側面窓の丸窓が知られた。
◎城下～上田　1972（昭和47）年4月22日

モハ5250形＋サハ20形サハ24を後追い撮影。千曲川橋梁を渡るサハ24の2枚窓に乗客の背中が見える。サハ24は、飯山鉄道（現・飯山線）のキハニ1形が元。電動車の後ろに連結されて運用された。
◎城下～上田　1972（昭和47）年4月22日

上田行のモハ5250形モハ5253を後追い撮影。モハ5250形は、丸屋根にお椀型ベンチレーターが並び、台枠の歪みを防止するトラス棒や楕円形の戸袋窓が古風な印象。1986（昭和61）年の別所線1500Vへの昇圧を前にして全車が営業運転を終えたが、今もなお丸窓電車として親しまれ、モハ5251～5253の全車が上田市内で保存されている。
◎本州大学前～下之郷　1972（昭和47）年4月22日

モハ5252は、モハ5250形の最終運行電車としてモハ5251との2両連結で有終の美を飾った丸窓電車。その後、モハ5251とモハ5252の両車はともに別所温泉駅構内で保存され、現在はモハ5251についてはさくら国際高校（上田市）で保存展示される。◎本州大学前〜下之郷　1972（昭和47）年4月22日

モハ4250形モハ4255やモハ4256などの休車群が写る。真田傍陽線は1972（昭和47）年2月に全線廃止となり、別所線は架線電圧750Vのため、真田傍陽線で運用された1500V用のモハ4250形は用途を失った。モハ4256は、この撮影の年の11月に弘南鉄道へ渡った。◎下之郷　1972（昭和47）年4月22日

丸窓電車と1970年代の駅周辺の様子。現
在の駅周辺は宅地や駅前広場になっている。
元は下本郷駅だったが、1966（昭和41）年に
開学した本州大学（現・長野大学）の最寄り
駅になり、本州大学前駅へ改称、後に現在の
大学前駅へ改称した。
◎本州大学前
1972（昭和47）年4月22日（2枚とも）

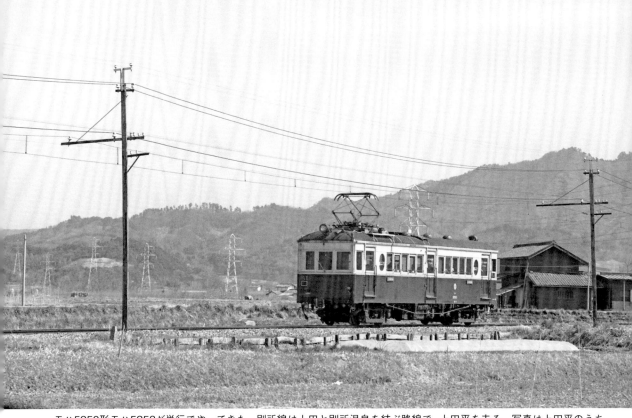

モハ5250形モハ5253が単行でやってきた。別所線は上田と別所温泉を結ぶ路線で、上田平を走る。写真は上田平のうち、千曲川左岸に広がる河岸段丘の塩田平と呼ばれる地域。丸窓電車の撮影にも適した長閑な風景が広がる。
◎下之郷～本州大学前　1972（昭和47）年4月22日

塩田平の農村風景を走るモハ5253。信州の春はおそく、梅が見頃のようだ。吊り掛け駆動の音を響かせながら塩田平を走る丸窓電車は、鉄道ファンのみならず、沿線にも愛され、今も語り継がれる信州のローカル私鉄らしいシーンだった。
◎中野～舞田　1972（昭和47）年4月22日

江戸時代から続く塩田三万石の穀倉地帯を走るモハ5253を後追い撮影。塩田平は大変雨が少ない地域で、さらに川の上に築かれた河岸段丘に耕作地が広がるため、灌漑用のため池が多く点在し、車窓からもその堤を望むことができる。
◎舞田〜中野　1972（昭和47）年4月22日

別所線はカーブの多い路線だが、八木沢〜別所温泉間でも大きくカーブを描く。また、別所温泉の標高が高く、八木沢から40‰の勾配を上るため、写真のモハ5252などの750V旧型電車はゆっくりと走った。
◎八木沢〜別所温泉　1972（昭和47）年4月22日

別所温泉の下車駅。別所温泉は古刹が点在することから「信州の鎌倉」と呼ばれる。写真は2面2線時代の様子で、ラッシュ時間帯にモハ5250形へ増結のクハ273が写る。写真左側が駅舎側のホームで現在も使用中、写真右側の線路は撤去され、ホームは使用を休止している。◎別所温泉　1972（昭和47）年4月22日

別所温泉へ到着間際のモハ5252を後追い撮影。写真奥に別所温泉駅の駅舎やプラットホームが見える。もう一枚は別所温泉を発車したモハ5252。側線には付随車が写り、付随車連結の際には勾配が付いた側線から付随車が降りてきた。現在は本線とはつながっておらず、モハ5252の保存場所になっている。
◎別所温泉〜八木沢　1972（昭和47）年4月22日（2枚とも）

長野電鉄

2000系Nストライプ塗装の特急湯田中行。Nは長野電鉄のN。冷房化改造後で、当時の長野電鉄の特急と言えばこの2000系だった。モハ2005＋サハ2053＋モハ2006の第3編成。元小田急10000形HiSEが長野電鉄1000系「ゆけむり」として2006（平成18）年12月に特急運用を開始し、この第3編成は営業運転を終了した。
◎柳原～村山　1993（平成5）年5月8日

20m級4扉車のOSカー。前面はFRP製。2編成のうち、写真はモハ2＋クハ52で長野行を後追い撮影。大出力の主電動機を搭載し、急勾配の山の内線（後の山ノ内線、現・長野線）でも運用された。後継の10系（新OSカー）では車内保温を考慮して4扉にならず3扉に。前面は鋼板になった。◎柳原～村山　1993（平成5）年5月8日

西詰から見た旧道路併用橋時代の村山橋と赤ガエル2600系T３編成の湯田中行（後追い撮影）。旧村山橋の鉄道部分は2009（平成21）年11月まで使用され、現在は車道車線を増やした新設の道路併用橋になっている。写るセダンの乗用車も今や懐かしい。◎村山〜柳原　1993（平成５）年５月８日

車庫や工場の横をかすめて走る2000系第２編成のB編成を後追い撮影。行き交う営業電車を見るほかに、車庫へ出入りする電車を眺められる。当時の2000系は非冷房時代で屋根上がすっきりしていた。◎須坂　1972（昭和47）年４月23日

通称屋代線を行くモハ301とトラス橋の風景。1941（昭和16）年汽車会社製。リベットを大幅に減らした半鋼製車ですっきりした車体だったが、主電動機は電装木造客車のものを流用した。2002（平成14）年9月に屋代〜須坂間は河東線の一部から正式に屋代線の路線名になったが、2012（平成24）年4月に廃止された。◎須坂〜井上　1972（昭和47）年4月23日

モハ301のサイドビュー。1941（昭和16）年新製当時としては、意欲的に新しい仕様を導入したスタイルで、リベットレスのような車体に広めの2扉で新製時から自動扉を採用。窓は落とし窓と呼ばれるタイプではなくスマートな下段上昇式を採り入れた。また、運転台は中央の開放式にはせず左側に設置し、密閉式の運転室にして乗務員扉を設けた。
◎須坂〜井上　1972（昭和47）年4月23日

ED5100形ED5101。北海道の定山渓鉄道がダム建設輸送のためにED500形として1957（昭和32）年に新製。新三菱重工業製の車体で、電気機器は三菱電機製。EF58風の流線形だ。1969（昭和44）年に定山渓鉄道が全線廃止。同年に長野電鉄へ譲渡され、ED5100形（翌年）になった。定山渓鉄道は運転台が右側で、長野電鉄でも変えずに運用され、塗装の青塗装も継承したが、白帯が黄帯になり、ゼブラ模様が付き、スノープラウは外された。◎須坂　1978（昭和53）年6月4日

モハ600形603＋604。モハ600形は改番で付いた形式で、元はデハ350形。同形は、1927（昭和２）年に川崎造船所で新製された全鋼製車体の「川造形」で、お椀形のベンチレーターが見られる。603、604は1980（昭和55）年の廃車後、603は解体されたが、604は上田交通（現・上田電鉄）へ渡りクハ271（２代）として運用。そして再び長野電鉄に戻って小布施駅の「ながでん電車の広場」で保存された。現在は安曇野ちひろ公園にて保存されている。◎須坂　1972（昭和47）年４月23日

須坂車庫とクハ1551＋モハ1501＋モハ1001。ともに運輸省規格形で、クハ1550形、モハ1500形、モハ1000形のトップナンバー。隣に写る車庫内には、1961（昭和36）年に登場したモハ1100形のモハ1101が写る。両開き扉の18m級全鋼製セミ・モノコック構造の車体だった。◎須坂　1972（昭和47）年４月23日

1978（昭和53）年当時の須坂駅構内の様子。写真右奥に車庫、左側にバスが並び、長野電鉄の中心的な役割を担う交通の要地。写る長野行の編成はモハ1001＋モハ1011＋クハ1051。中間のモハ1011の元は、クハニ1060形を電装したモハニ1011だった。クハ1051は、モハ1000形の電装解除車。◎須坂　1978（昭和53）年6月4日

2500系のモハ2501＋クハ2551。長野〜善光寺下間の地下化に備えて東急5000系を譲受、改造し、1977（昭和52）年から導入した形式。以後、元東急5000系を大量に譲受して改造増備した。2両編成は2500系、3両編成は2600系とし、寒冷地降雪対策として、尾灯の窓上化や蓋付き警報機の取り付け、通風器の変更が行われ、長野電鉄の特徴である。
◎須坂　1978（昭和53）年6月4日

モハ1000形モハ1004＋ク
ハ1060形クハ1062。クハ
1062は元クハニ1062で、
電装を施してモハニ1010
形となった他のクハニ
1060形とは異なり、クハ
ニ1060形から荷物室を無
くしてクハ1060形になっ
た車両。
◎須坂
1978（昭和53）年6月4日

ED5000形ED5001は1927（昭
和2）年に500形501として日立
製作所で新製。改番でED5000
形ED5001に。貨物列車の牽引
に運用され続けたが、定山渓鉄
道からED500形2両を導入し
てED5100形が運用を開始した
ことで、ED5002とED5003は
1970（昭和45）年に廃車後、越
後交通へ譲渡された。しかし、
ED5001は残り、1978（昭和53）
年の写真は予備車だった時代。
1979（昭和54）年の貨物営業廃
止後もED5001は残存し、入換
や除雪、工事列車牽引などで運
用。廃車車両回送やイベント列
車の電車牽引も行った。2002（平
成14）年に除籍となり本線運用
が無くなってからは、須坂駅構
内の入換に使用され、2017（平
成29）年に解体された。
（2枚とも）
◎須坂
1978（昭和53）年6月4日（中）
◎須坂
1993（平成5）年5月8日（下）

モハ401（2代）とクハ451。元東武デハ3形で、モハ401（2代）は元東武デハ12、クハ451は元東武デハ11。写真は非貫通
化後の姿。終戦後、車両事情の良くなかった東武へ運輸省から63系が割り当てられ、割り当てを受けた鉄道会社は地方私鉄
へ車両を供出しなければならず、東武はデッカー方式の自動進段制御器を搭載したデハ3形を長野電鉄へ供出した。扉は木
製手動扉のまま運用され続け、デッカー方式からディッカー車としてファンに親しまれ、さよなら運転が1977（昭和52）年
10月に行われた。（3枚とも）
◎須坂　1972（昭和47）年4月23日（上）
◎岩野～雨宮　1972（昭和47）年4月23日（右137ページ）
◎松代　1977（昭和52）年9月5日（下）

小布施駅に停車中の各駅停車木島行で、OSカークハ52＋モハ2のモハ2側からの撮影。木島線自体がもう廃止で存在せず、今となっては懐かしい行先だ。現在も写真のようなプラットホーム風景が残る。◎小布施　1972（昭和47）年4月23日

モハ300形302＋クハ1060形クハ1062。モハ300形は汽車会社製。クハ1060形は元クハニ1060形で日本車輛製造製。クハ1062はクハニ1062の荷物室廃止に伴い荷物用扉を客用にしてクハ化した形式。
◎都住〜桜沢
1972（昭和47）年4月23日

小布施駅へ進入するOSカー、クハ52＋モハ2。各駅停車木島行が写る。前面行先表示器には各駅停車と比較的大きめに別途示されている。OSカーが登場した昭和40年代、地方私鉄にしてはなかなか立派な新型電車だったので、あえて各駅停車と明示することで誤乗対策にしたという。◎小布施　1972（昭和47）年4月23日

2000系の後追いで長野行。非冷房時代でファンデリアを搭載、側面窓がユニット窓ではない。塗装は、りんごをイメージさせる赤とクリームのツートンカラー時代だ。2000系は1957(昭和32)年に登場した特急形。日本車輌製造にて各3両編成が4編成製造され、50年以上に渡り運用された。駆動装置はWN駆動で、WN継手を狭軌用車両に組み込む困難を克服。駆動装置からの振動を抑え、乗り心地に配慮した。2000系登場当時の長野電鉄は志賀高原への観光客輸送で賑わい、当時の地方私鉄にしては優美なスタイルと性能を有する2000系は好評を博した。◎都住〜桜沢　1972(昭和47)年4月23日(2枚とも)

運輸省規格形電車の1000形。運輸省規格形電車とは、戦時下を経て終戦後の車両荒廃や物資不足による車両不足を補うために運輸省が規格制定して導入を許可した車両。運輸省が私鉄へ割り当てた大型の63形電車が規格に合わない私鉄用であった。写真はクハ1052+モハ1012+モハ1002。横位置写真2枚はともに後追い撮影。クハ1050形はモハ1000形の電装解除車、モハ1012は元モハニ1012で、クハニ1060形を電装してモハニ1010形としたものを、荷物用扉を客用扉にして3扉のモハにした。
◎都住
1972（昭和47）年4月23日（上）
◎都住〜桜沢
1972（昭和47）年4月23日（下）

運輸省規格形電車の1000形。運輸省規格形電車とは、戦時下を経て終戦後の車両荒廃や物資不足による車両不足を補うために運輸省が規格制定して導入を許可した車両。運輸省が私鉄へ割り当てた大型の63形電車が規格に合わない私鉄用であった。写真はクハ1052＋モハ1012＋モハ1002。後追い撮影。クハ1050形はモハ1000形の電装解除車、モハ1012は元モハニ1012で、クハニ1060形を電装してモハニ1010形とした。この車両の荷物用扉を客用扉にして3扉のモハにした。
◎都住〜桜沢　1972（昭和47）年4月23日

上り、下りの急行「志賀」をともに後追い撮影。労使交渉のスローガンなどがペンキで塗られている。屋代で分割併合されて列車番号が変わり、写真は長野電鉄線内を走る下り4301Mと上り4308Mでどちらも「志賀1号」。当時は上りでも下りでも同じ号数が使用された。
◎桜沢〜都住
1972（昭和47）年4月23日（上）
◎都住〜桜沢
1972（昭和47）年4月23日（下）

2000系第4編成で、特急湯田中行。
2000系第4編成のみ屋根上のファンデ
リアの形状が他の編成と異なり、また、
スノープラウとスカートを装着する。
◎都住〜桜沢
1972（昭和47）年4月23日（上）
◎桜沢〜都住
1972（昭和47）年4月23日（下）

1000形同様の車体を持つ運輸省規格形電車のモハ1500形＋クハ1550形。写真の編成はモハ1502＋モハ1501＋クハ1551。モハ1500形は山の内線（後の山ノ内線）の勾配に配慮して抑速発電ブレーキを搭載。モハ1501とモハ1502は1993（平成5）年に河東線での運用から外れるまで使用され続け、モハ1501については動態保存車両としても知られた。現在は解体されている。◎信州中野　1978（昭和53）年6月4日

OSカー0系のモハ2＋クハ52。左端にOS 2とあるのは、OSカー第2編成を指す。後に登場の10系がOS 2と呼ばれることもあったが、それとは異なる。OSとはオフィスマン、スチューデントの頭文字をとった愛称。地方私鉄では異例の両開き扉4箇所で、通勤通学時間帯の混雑を想定。利用者が増加傾向にあった1966（昭和41）年に登場した。日本車輌製造で2両編成2本を製造。FRPを採用した正面スタイルが特徴のひとつで、京王3000系がFRP正面の先駆ではあるが、京王3000系の上部分のみFRP製とは異なり、0系OSカーでは正面全面に使用された。赤とクリームの塗装は、その後の長野電鉄の塗色に影響を与え、当時はまだ普及途上だった側面の電動行先・種別器を備えた。◎信州中野　1978（昭和53）年6月4日

写真は河東線時代の屋代駅で撮影のモハ411。河東線は屋代～須坂～信州中野～木島を結んだ路線名で、屋代はその起点駅だった。モハ411の正面窓は、屋代寄りの中央の窓が左右の窓よりも高かったが、写真のように須坂寄りの正面窓は3窓とも同じ高さだった。
◎屋代　1977（昭和52）年9月5日

モハ411の屋代寄りの正面が写り、中央の窓だけ高い。写真は国鉄信越本線との接続駅時代。しなの鉄道へ転換後も接続駅だったが、屋代線の廃止で過去のものになった。屋代～須坂間の路線の歴史は河東鉄道時代の開業に遡り、現在の長野電鉄長野線の前身にあたる長野電気鉄道の開業よりも早かった。◎屋代　1977（昭和52）年9月5日

ディッカー車クハ451＋モハ401（2代）
がカーブを描きながら千曲川流域を走
る。お椀型ベンチレーターや台枠下のト
ラス棒など、古典的な旧型車らしい姿。
雨宮は川中島の戦いの史跡である雨宮の
渡しで知られ、史跡めぐりとあわせて旧
型車の旅が楽しめた。
◎岩野～雨宮
1972（昭和47）年4月23日

写真向うへ走り去って行く須坂行のモハ301。りんご畑が広がる牧歌的な風景の中、電装木造客車から取り付けた主電動機で走るリズムが聞こえてきそうだ。廃線になった路線だけに、こうした写真がより懐かしく感じられる。
◎岩野〜雨宮
1972（昭和47）年4月23日

モハ411が走る。元東武デハ13。モハ131となった後、モハ401（初代）、モハ421、モハ411と車番が変わった。屋代方の正
面は事故復旧の際に非貫通になったもの。モハ411はHL制御化改造などの理由で併結ができず、単行で運用された。
◎岩野〜雨宮　1972（昭和47）年4月23日（3枚とも）

カーブを行くモハニ132＋クハ1061による須坂行。モハニ130形モハニ132は、1926（大正15）年製のデハニ200形デハニ
202で、モハニ200形モハ202→モハニ110形モハニ112と変わり、1967（昭和42）年にモハニ130形モハニ132へ改番した。
後追い撮影のクハ1061の元はクハニだった。（2枚とも）
◎岩野〜象山口　1977（昭和52）年9月5日（上）
◎象山口〜岩野　1977（昭和52）年9月5日（下）

真田10万石の城下町だった松代。城址などを探訪するのに便利な駅だった。写真は松代駅に進入する河東線専用のモハ411単行電車。比較的広い駅構内であったが、廃線によって線路は撤去され、現在は駐車場になっている。なお、駅舎は解体されずに残る。◎松代　1977 (昭和52) 年9月5日

横軽協調運転用の169系による急行「志賀2号」下り湯田中行 (上り上野行も「志賀2号」)。上野〜湯田中間を長野電鉄へ乗り入れて運行。写真の「志賀2号」は信越本線上野〜屋代間で「信州3号」と併結。分割した編成は、屋代駅から長野電鉄河東線の通称屋代線を経由し、須坂から河東線、信州中野から山の内線 (後の山ノ内線) を経て湯田中へ向かった。屋代線が廃線となった今日では、松代駅で撮影の国鉄169系が古き良き時代を物語る。急行「志賀」は1982 (昭和57) 年11月に廃止された。◎松代　1977 (昭和52) 年9月5日

河東線を行くED5100形ED5101牽引の貨物列車。EF58を小ぶりにしたようなスタイルのサイドビューだ。ED5000形に
代わる主力機として運用されたが、1979（昭和54）年の長野電鉄の貨物営業廃止で越後交通へ渡った。
◎井上～須坂　1972（昭和47）年４月23日

松本電気鉄道

松本駅前～浅間温泉を結んだ軌道線の浅間線。写真は起点の松本駅前へ入るホデハ4を後追い撮影。開業時は駅前通りに乗降場があったが、1932（昭和7）年に駅前広場へ移転し、1949（昭和24）年に写真の位置へ移設された。奥に写るのは当時の国鉄松本駅北側。◎松本駅前　1964（昭和39）年3月22日

松本駅前駅の様子。浅間温泉駅までは5.3km。すっかりバスに乗客を奪われて乗客数が少なく、道路の混雑が増す中で松本市長から軌道撤去要請が出るほどだった。写真は末期の姿で、撮影年の4月に廃止となりバス路線へ転換した。◎松本駅前　1964（昭和39）年3月22日

駅前のS字線を行くホデハ4。浅間線廃止間際の1964（昭和39）年当時の駅前の様子。左に明治チョコレート・コナミルクの看板が見えるが、その下に社章入りの松本電鉄の看板もある。鉄柱に松本東映の看板も見られ、まさに昭和の駅前風景が広がった。◎松本駅前　1964（昭和39）年3月22日

松本駅前行のホデハ4を後追い撮影。ホデハ4は、ホデハ5（後のホデハ2）とともに1924（大正13）年に東洋車輌で製造され、1926（大正15）年に竣工の届け出がされた。学校前付近で浅間温泉からの専用軌道が終わり併用軌道区間へ入った。写真は競合したバスと並ぶシーン。◎学校前付近　1964（昭和39）年3月22日

ホデハ10。ホデハ7として1927（昭和2）年に汽車会社で製造され、シングルルーフの丸屋根にお椀型ベンチレーターが並ぶ。学校前の名は、旧制高校の松本高校が最寄りであったことに由来する。◎学校前　1964（昭和39）年3月22日

浅間線は単線のため交換設備が必要で、学校前、横田、運動場前が途中駅での交換可能駅だった。写真はホデハ10とホデハ4が並ぶシーン。駅付近に立地した旧制松本高校は新制大学の信州大学文理学部となり、写真には学生らしき姿が写る。現在は移転し、旧制高校時代の校舎などを松本市が管理する。◎学校前　1964（昭和39）年3月22日

浅間線の軌間は1067mm。写真は専用軌道区間の清水駅。ホデハ6はホデハ7（後のホデハ10）とともに1927（昭和2）年に汽車会社で製造された。◎清水　1964（昭和39）年3月22日

牧歌的な風景だった専用軌道区間をトロリーポールの路面電車が走る。写真のホデハ12はホデハ10として1929（昭和４）年に日本車輌製造で製造され、後にホデハ12へ改番された。浅間線は1958（昭和33）年11月に600Vから750Vへ昇圧している。
◎横田〜自動車学校前　1964（昭和39）年３月22日（2枚とも）

松本駅前行のホデハ10と駅舎。後ろにはダブルルーフのホデハ2。両車ともに1931 (昭和6) 年の改番でホデハ7からホデハ10、ホデハ5からホデハ2になった。浅間線は偶数の車番しかなく、これは浅間線が偶数、島々線が奇数の車番へと整理・改番されたからだ。◎浅間温泉　1964 (昭和39) 年3月22日 (2枚とも)

越後交通

長岡線のモハ1400形モハ1403。モハ1400形は1960年代後半の数年に渡り小田急から導入。両運転台化し、主電動機は中古品と交換した。モハ1403は元小田急デハ1209。1970年代に廃線や旅客営業廃止となる区間が続いたが、両運転台で1両での運行が可能なことから、長岡線の旅客営業全廃まで運用された。長岡線は1972（昭和47）年4月に貨物営業を除く来迎寺～西長岡間の旅客営業が廃止。翌年1973（昭和48）年4月に大河津～寺泊（2代）間廃止、1975（昭和50）年4月には越後関原～大河津間廃止、西長岡～越後関原間の旅客営業も廃止され、西長岡駅は貨物駅として残った後に廃駅になった。
◎西長岡　1973（昭和48）年7月7日　撮影：亀井秀夫

長岡～下長岡間で信越本線と並走した越後交通栃尾線。軌間762mmの軽便鉄道で、モハ215形モハ215が走る。モハ212形から続くスタイルの13m級車。1963（昭和38）年に東洋工機で製造され、竣工届は翌年で、車両限界に迫る寸法の大型車。ノーシル・ノーヘッダーで張り上げ屋根のスマートな車体、高い客用扉の窓が独特だった。カルダン車で、間接非自動制御。統括制御に対応。写真は、パンタグラフを撤去後で制御車化後の姿。栃尾線は、1973（昭和48）年4月に上見附～栃尾間、悠久山～長岡間が廃止。1975（昭和50）年4月に長岡～上見附間も廃止され全線廃止となった。
◎下長岡付近　1975（昭和50）年3月29日（2枚とも）　撮影：亀井秀夫

蒲原鉄道

村松・五泉側から見た加茂駅ホームとモハ41形モハ41。左端の壁の向こうは信越本線のホーム。モハ41形モハ41は、モハ11形モハ13の主要機器を流用して蒲原鉄道村松車庫で東京電機工業が1954（昭和29）年に製造した前面2枚窓半鋼製電車。後の改造で車体延長と3扉化、クロスシートからロングシート化を行った。写真はワンマン化施工済の姿である。
◎加茂　1978（昭和53）年10月21日

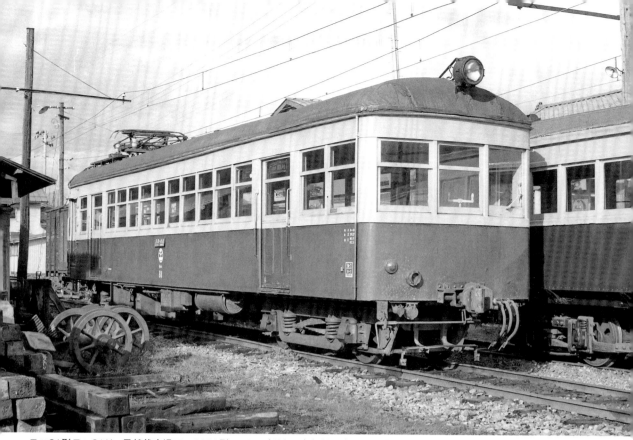

モハ81形モハ81は、元越後交通モハ3000形で1951（昭和26）年製。客用扉の窓が側窓と同じ高さで横一線に揃う設計が珍しい。乗務員扉は運転台側だけのタイプで、写真手前の車体には乗務員扉がない。丸みのある屋根の高さが高めで、全体的に当時の蒲原鉄道の他の車両とは違う雰囲気を醸し出していた。◎村松　1978（昭和53）年10月21日

ホーム先端から構内通路を通って駅舎と行き来した。村松駅の島式ホームは幅が広く、中心駅らしい規模だった。加茂方面の案内板が掛かり、村松〜加茂間運行電車の始発、終着でもあった。
◎村松
1978（昭和53）年10月21日

村松車庫でモハ81とモハ11形モハ
12が並び、右側には事業用車が写
る。モハ81の屋根の丸みの高さが
モハ11形モハ12と比べると異様に
高いのがわかる。モハ11形モハ12
はワンマン化改造されて間もない頃
で、運転士の視認性のためにバック
ミラーが付いた。また、このワンマ
ン化改造時に狭幅の乗務員扉を4か
所設け、乗務員扉が運転台側のみの
モハ81とは対照的。ワンマン化され
たモハ11形モハ12とワンマン化さ
れずに終わったモハ81が並ぶ。
◎村松
1978（昭和53）年10月21日

入換中のモハ41形モハ41。製造当時とは異なりマスコンに換えられている。右上に写るのは、後に安田民俗資料館へ移築された駅舎兼本社屋。村松駅は車庫もあり、当時は加茂〜村松間の路線も現役で、村松〜五泉間と運行系統が分かれる駅だった。
◎村松
1978（昭和53）年10月22日

乗客を降ろし折り返し発車前の村松行モハ71。狭幅な貫通扉は村松側。対して五泉側は貫通幌枠付の広幅貫通扉。右側に写るのは国鉄磐越西線ホーム。モハ71の元は西武鉄道クハ1211形1211だが、その元は武蔵野鉄道が1927（昭和2）年に製造したデハ1320形1322。1965（昭和40）年に譲受のクハ1211形1211を西武建設所沢車輌工場（後の西武所沢車両工場）で両運転台電動車化した。クハ10と連結して村松〜五泉間の区間運転で走る姿がよく見られ、両車ともに全線廃止まで在籍した車両だ。（2枚とも）
◎五泉
1978（昭和53）年10月21日（中）
◎村松
1978（昭和53）年10月22日（下）

クハ10側から見たクハ10＋モハ71の編成。左側に写るのは磐越西線。五泉駅発車前と発車を後追いした写真。前面３枚窓化や乗務員扉の設置など改造が見られるが、キハ41000形由来のスタイルは健在で貴重な存在だった。写真当時、クハ10の貫通路や貫通幌は使用せず、両車間の通り抜けはできなかったが、後々には可能になった。
◎五泉　1978（昭和53）年10月21日（２枚とも）

村松ー加茂の行先サボが掛かる半鋼製車モハ11形モハ11。サボ下に社章と車番が並び、台枠に蒲原鉄道の文字が見える。デ11形として1930（昭和5）年の加茂～五泉間全線開通時に新製された日本車輌製造製。写真当時は製造から43年が経過していた。この後、製造から50年経った1985（昭和60）年に加茂～村松間の廃止によって廃車になっている。
◎村松　1978（昭和53）年10月21日

西武所沢車輌工場でワンマン化されたモハ11形モハ12で、乗降扉の横に付け加えられた細長い乗務員扉が何とも狭い。古い車両だが、ワンマン化改造によって車内にはワンマン運用の機器が設置されている。
◎村松　1978（昭和53）年10月21日

国産機だが外国製みたいな片側へ寄ったボンネットと前面乗務員扉が特徴のED1形。ボンネットを飾った蒲原鉄道の真鍮製の社章が誇らしげだ。当時は加茂～村松間の路線もあり、冬になると除雪で奮闘した。
◎村松　1978（昭和53）年10月21日

新潟交通

県庁前付近の併用軌道を走るモハ16形モハ16。貫通路が埋めてある。初代のモハ16は伊那電気鉄道の買収国電モハ1294だったが、1968（昭和43）年に小田急デハ1400形1409の車体を載せている。行先が燕行になっているが県庁前行で、県庁前駅は写真右側の先。同駅到着を前にしてすでに次の行先を表示したのだろう。県庁前駅は駅舎やホームが三差路に挟まれた位置だった。軌道線は県庁前（後の白山前）〜鉄軌分界点、鉄道線は鉄軌分界点〜東関屋〜燕で、軌道線と鉄道線を直通で運行していた。新潟県県庁は1985（昭和60）年6月に移転。移転前の同月1日に県庁前は白山前へ改称した。1992（平成4）年3月20日に白山前〜東関屋間が休止。白山前駅ホームに発着する代替バス運行後の同年3月31日に白山前〜東関屋間が廃止された。◎県庁前付近　1973（昭和48）年7月20日　撮影：亀井秀夫

関屋大橋を渡るクハ45ほかの3連。クハ45形クハ45は、旧車の床下回りに元小田急デハ1400形デハ1416の車体を載せた制御車。ワンマン運転に対応していたが、1993（平成5）年末に廃車となり、佐渡島の両津港で遊覧船の待合室として残存していた。◎東青山〜東関屋　1987（昭和62）年11月21日　撮影：亀井秀夫

燕行のモハ20形モハ21。モハ10形と同じく旧車流用機器を使い、車体は新製した日車標準車体を載せた。2枚窓の非貫通で愛嬌のあるマスクだった。駅跡は自転車歩行者専用道路や住宅地へ変わった。
◎焼鮒　1973（昭和48）年7月20日　撮影：亀井秀夫

燕発白山前行のモハ24。当時はまだ廃線区間がなく全線を走った。モハ24形モハ24もモハ10形などと同じ経緯で、旧車機器流用、新製の日車標準車体。東武デハ7をルーツに持つ旧車の改造名義。
◎燕～灰方　1987（昭和62）年11月21日　撮影：亀井秀夫

【写真】
篠原 力（しのはら つとむ）

1940（昭和15）年1月、東京市本所区生まれ。幼少の頃から両国駅の転車台を見に行き、鉄道に興味を抱く。一時期鉄道友の会入会。
1959（昭和34）年5月、東京都交通局入局。同日地下鉄建設部配属。都営地下鉄4路線の建設計画・設計および保守管理業務に携わる。
2000（平成12）年3月、東京都交通局定年退職。在職中は余暇を利用し、全国の鉄道を見て歩き旅を行う。現在は機関車牽引列車の撮影および撮り貯めた写真の整理・デジタル化に取組中。

【解説】
辻 良樹（つじ よしき）

1967年滋賀県生まれ。東京で鉄道関係のPR誌編集を経てフリーの鉄道フォトライターに。現在は滋賀県を拠点に著作。著書に『関西 鉄道考古学探見』（JTBパブリッシング）、『日本の鉄道150年史』（徳間書店）のほか、『北海道の廃線記録』シリーズ各編（フォト・パブリッシング）、『阪和線、紀勢本線 1960～2000年代の思い出アルバム』（アルファベータブックス）など。2023年の春から朝日新聞滋賀版にて滋賀の鉄道に関するコラムを連載。

【写真提供】
亀井秀夫

長野県・新潟県の鉄道
1960～2000年代の思い出アルバム

発行日‥‥‥‥‥‥‥‥‥2023年9月5日　第1刷　※定価はカバーに表示してあります。

著者‥‥‥‥‥‥‥‥‥‥篠原 力（写真）、辻 良樹（解説）
発行者‥‥‥‥‥‥‥‥‥春日俊一
発行所‥‥‥‥‥‥‥‥‥株式会社アルファベータブックス
　　　　　　　　　　　〒102-0072　東京都千代田区飯田橋 2-14-5 定谷ビル
　　　　　　　　　　　TEL. 03-3239-1850　FAX.03-3239-1851
　　　　　　　　　　　https://alphabetabooks.com/

編集協力‥‥‥‥‥‥‥‥株式会社フォト・パブリッシング
デザイン・DTP ‥‥‥‥柏倉栄治
印刷・製本‥‥‥‥‥‥‥モリモト印刷株式会社